NI YA TENGO OTRO OFICIO

NI YA TENGO OTRO OFICIO

Manuel López Azorín

MAHALTA
EDICIONES

COLECCIÓN
ADIVINOS

© Manuel López Azorín
© Fotografía de portada: McBarri
© Fotografía de solapa: Ana

© Mahalta Ediciones
www.mahalta.es

Colección Adivinos n.º 27
Primera edición: noviembre 2025

ISBN: 979-13-990232-4-4
Depósito Legal: CR 1046-2025

Impreso en España
Mahalta Ediciones es un sello editorial de Añil Desarrollo Gráfico, S. L.
www.anil.es

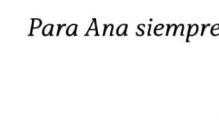

Para Ana siempre

[...] ni ya tengo otro oficio,
que ya sólo en amar es mi ejercicio.

SAN JUAN DE LA CRUZ

Miserable el momento si no es canto.

CLAUDIO RODRÍGUEZ

AÚN SIN CONOCERTE
te adiviné tan pura y delicada
que te amé, de tal suerte
que ya no espero nada
que no sea la luz de tu mirada.

¡Oh llama de amor viva
que tiernamente hieres
de mi alma en el más profundo centro!
San Juan de la Cruz

I

CUANDO JOVEN, TE PIENSAS
capaz de conquistar el mundo entero
y te sientes, al tiempo, prisionero
de la noche y el día.

Cuando joven, el tiempo se hace largo
porque es lento, y amargo
te parece ese tiempo que no llega.

El tiempo siempre juega
a efímero y a eterno,
estación a estación, hasta el invierno.

Llegaste y fui a verte.
Y yo sin entenderte te miraba
porque, sin conocerte,
sabía que te amaba,
pues algo había en ti que yo soñaba.

Tanto te quise, amor,
que, aun pensando que nunca te tuviera,
fui soñando por ti, de tal manera
que creía tenerte.

De ti sabía nada, poca cosa,
mas tu voz misteriosa
me hizo pensarte al lado, amor, contigo
hasta el último abrigo
y, después, más allá...

Soñé vivir, por ti, la eternidad.

No era la noche oscura,
era noche callada, luminosa.
Allí tu luz, tan pura,
brillaba tan hermosa
que no quise soñar nunca otra cosa.

CREÍ TU CANCIÓN MÍA
cuando abracé tu alma iluminada
y fue mío tu amor, aunque callada
tu alma mantenías;
pero sentí tu pulso latir fuerte
y pensé que mi suerte
estaba en darte amor. Que me pedías,
sabiendo que lo hacías,
amor calladamente.
¡Sentí este amor tan atronadamente!

Bien sabes que, aún yo crío,
llegaba el coronel a dar consuelo
y a mí me trajo el río,
de tus aguas, desvelo
manifiesto entre páginas. El vuelo.

PASIÓN Y SUFRIMIENTO.
Ya que el amor feliz no tiene historia,
de amor-dolor se nutre toda gloria,
sea intensa o efímera.
(La ignorancia se cura, felizmente).
Aquel tiempo está ausente,
que duro fue, pero también hermoso,
y me dejó su poso
con su pasión, su canto,
pues fue ilusión, amor, dolor y llanto.

Amor silente, agónico,
silencioso temor enmudecido.
Se niega a ser estoico
y no acepta tu olvido,
y sueña con lograr lo más querido.

PARA PODER VIVIR
hay que inventarse una esperanza y, luego,
soñar que la distancia, como un juego,
se gana por los puntos.

Y así, soñando, sentir que estás al lado
como si aquel pasado
siguiera manteniéndonos hoy juntos.

Aunque ganar por puntos
un combate perdido
sea falsa esperanza sin sentido.

El rostro consumido
por un dolor recóndito, sufriente,
ofrece desvalido,
vencido, como ausente,
una mirada triste de poniente.

DIME: ¿CÓMO OLVIDARTE?
Olvidarte es pensar que no hay octubre,
que el tiempo con su huella no recubre
de luces la mirada.

Retroceder al último recuerdo
donde, en tus ojos, pierdo
todo un ayer que ya es agua cantada
por tantos a ti, amada...

Olvidarte es morir,
y yo no sé beberte y revivir.

Soñar para vivir
con la esperanza del amor eterno,
para poder sentir
que el frío del invierno
no está aliado al fuego de este infierno.

La desesperación
asola esta mi casa y se derrumba,
y el daño atroz de su caída tumba
mi torre de ilusiones.

Bajo los gruesos muros del olvido,
que yo nunca he querido,
muere aquel huerto en que brotaban rosas,
y se abren como fosas
más heridas dolientes
que flores y que granos, que simientes.

Ocaso de una vida
que refleja en el iris desencanto.
La pupila perdida,
cerrada a cal y canto,
sin fuerzas y sin ganas, sin quebranto.

PARA QUE VUELVAS, DIME,
¿qué puedo hacer para que tú regreses,
para que sepa de tu luz y ceses
este dolor que gime?

Este dolor callado, silencioso,
que no tiene reposo,
pues hiriente se aviva con tu ausencia.

Imploro tu presencia
para dejar mi vida
sin silencio, con voz y sin herida.

La soledad me ciega
y no sólo mis ojos ciegos miran
sino que el alma, ciega,
y el corazón, suspiran
porque miran sin ver, por más que miran.

Hoy sé que la distancia
que entre nosotros hay sólo se alcanza
colocando mi amor en la balanza
de amar sin pedir nada.

Lo sé porque lo siento —¡tantas sombras!—,
siento que no me nombras
y no me das la luz que tanto aspiro.

El aire que respiro,
tras tanta lejanía,
me deja este vivir sin alegría.

Agudiza el dolor
en un cuerpo sin ganas y cansado,
y se agranda el temor
con el sufrir callado
de este grito sin gente, desolado.

VIVIR SIN TI, MI AMOR,
tan sólo es esperar que el fin se acerque
y, ya sin resistencia, que me cerques
sin olvido en tus brazos.

Sin ti, vivir es no esperar futuro,
pues se ha erigido un muro
para mi vida, rota en mil pedazos,
sin mañana ni lazos
que me aten al presente.

Sin ti yo vivo, amor, mas vivo ausente.

La vida detenida,
parada en algún tiempo, sin regreso,
y el reloj de la vida
siguiendo su proceso
sin tener cuenta atrás, sin retroceso.

EL ÚNICO CONSUELO
de este dolor ardiente y escondido,
de este llanto que llora lo perdido,
fue el de soñarte un día.

Ese tiempo de amor hoy me conduce,
y al tiempo me reduce,
a ser llanto y dolor tras la alegría.

Es el sueño la vía
por donde yo me pierdo
con mi dolor, mi llanto y mi recuerdo.

Cuando la luz no llega,
cuando el amor rechaza, cuando pasa
y sin razón nos niega
el fuego de su casa,
el sueño sustituye amor y brasa.

A VECES UN MURMULLO,
un rumor de pasado me despierta,
un lejano sonido pone alerta
mi corazón en vilo.

¡Tantas veces percibo, amor, tu aliento...!

En mi delirio siento
que estás aquí de nuevo, y es mentira.

Toda mi vida gira,
aun sin ti, con tu vida.

Ya no puedo tenerla más perdida.

El fuego de la vida.
Convertida en ceniza la alegría,
la ilusión consumida.
Si amor es agonía,
¿en qué varía de la muerte fría?

Espejo en que me miro:
mimético reflejo deseado
en el yo que te observa con cuidado
para emularte luego.

Reflejo de tu yo quiero en el mío
para sentirme río,
y fuente, y manantial en movimiento.

Te deseo y me miento,
mirándome al espejo,
porque siento distante tu reflejo.

Tal vez es fantasía,
realidad pretendida y deformada
de la verdad. La guía,
la única escapada.
Sueño de luz para evitar la nada.

ALGÚN DÍA, TAL VEZ,
se crucen nuestras vidas un momento
y de nuevo me alumbres, mas yo siento
que en mí vives presente.

No he de olvidar jamás que te he querido,
que te quiero. Olvido
nunca, porque vas conmigo, por mi mente.
Te pienso porque ausente
es más grande la herida.
Iré a tu luz mientras me quede vida.

Sin la desesperanza,
sin un adiós sin causa entre las sienes.
Buscando la confianza,
la fuerza en los andenes
de este tren de la vida y sus vaivenes.

En la noche callada,
abrazando en silencio tu recuerdo,
envuelto en soledad, busco y me pierdo
en mi vivir contigo.

Y, ya inmerso en la niebla de un pasado
que tú me has enseñado,
pienso que aún, mi amor, sigues conmigo.

Escapa mi enemigo,
el dolor ya no hiere,
y mi alma, mi amor, sin ti no muere.

La lira siempre viva,
tañedora de amor sin desconsuelo,
con palabras cautiva
y vigila con celo
que no siegue al amor nadie su vuelo.

AUNQUE NO SEPA NADA,
aunque no te merezca, ven conmigo,
porque tú eres la luz y yo el testigo
de todas tus palabras.

Aunque intente saberte y no comprenda,
llévame de tu rienda
y márcame la senda de tu casa,
por donde todo pasa,
al tiempo que se queda,
porque abierta es tu casa, tu vereda.

No he de olvidar, jamás,
al coronel que vino con lectura.
Él venía a sanar,
pues el médico cura,
fue quien trajo hasta mí la *noche oscura*.

Tócame, amada mía,
con tu vara de sílabas precisas
y deja por las lágrimas y risas
tu luminosa magia.

Dame luz para unir esas palabras
que por mi alma labras
para que nazca en ellas la belleza
y tenga la certeza
de escribir a la altura
de la más alta cima de hermosura.

Con la clásica lira
rememoro el ayer, presente vivo.
En la palabra, gira
amor, sumiso, altivo,
amor por siempre de tu luz
    cautivo.

Ni mármol duro y eterno,
ni música ni pintura,
sino palabra en el tiempo.
Antonio Machado

II

UN LAMENTO OBSTINADO QUE SE ANUDA
al hecho de creer que no te has ido,
al río que se lleva hacia el olvido
lo que fuera murmullo y que hoy demuda

un dolor silencioso y la más cruda,
penosa realidad de un ser perdido
que lleva dentro un mar entristecido
sin ti, lejano amor, verdad desnuda.

Yo me niego al olvido y me resisto
y te quiero conmigo cada instante,
y me nutro de ti y en ti me pierdo.

Porque tal vez así, si yo persisto
en ir hacia tu luz, quieras tu darme
la voz que cante el canto verdadero.

Soñar para abrazar
aquello que se anhela o se ha perdido.
Soñar para enlazar
aquello que aún no ha sido
con todo lo que fue, gozarlo unido.

QUIÉN NO VIVE ESPERANDO Y DESESPERA
sintiendo que no llega lo deseado
y quién al sueño no se ve abocado
asiéndose a lo que ama desde fuera.

Quién no vive algún sueño, quién no espera
que alguna vez se cumpla lo soñado,
quién desecha, por muy desesperado,
que el alba haga real lo que es quimera...

Quién no se siente Segismundo un día,
rodeado de cadenas invisibles,
en la tristeza preso, en la agonía.

Quién, preso así, no vive de imposibles
y entierra el desencanto en la alegría
de soñar que los sueños son posibles.

Y me quedo más solo
después de haberte hablado de mis sueños,
pues no te siento y, solo,
me rodea el silencio.
Sólo solo, puesto que nada tengo.

QUERIÉNDOTE TENER SUPE EN MI VIAJE
que el amor que desprendes se lo dejas
tan sólo a quien tú quieres. Emparejas
tu palabra de luz a su equipaje.

No te importa quién tenga más bagaje
ni quién ría mejor o exhale quejas,
tu luz sólo libera de las rejas
a aquel que ama en tu luz su aprendizaje.

Por eso yo, que sé que no sé nada
y cuanto más te aprendo más lo sé,
sé que tu amor, tus luces, me iluminan

aunque no sé por qué. Tu llamarada
enciende en mi interior un no sé qué
y alumbra mis palabras, y caminan.

Tu voz rescato. Entonces
tu fulgor es presencia y voy alegre
por esta noche amarga,
callada, dolorosa.
No sé por qué, pero sé que me alumbras.

No sé si alguna vez irás conmigo
tras beber de los claros manantiales;
pero sé que tus luces, naturales,
darán luz a mis pasos y su abrigo.

Sé ya que, al menos, nunca el enemigo
doblegará mi voz entre sus males,
mi voz irá a tu lado y a raudales
proclamará fidelidad contigo.

Tu amor, ya sabes, busco noche y día
y vivo yo a la sombra de tu estrella
pidiéndote la luz ruego tras ruego.

Siento mía esa luz. En la alegría,
en el llanto, el dolor... Junto a su huella
deposito la mía, a ti me entrego.

Sueño que en ti me llevas
por la noche más larga, que me abrigas
de amor y de caricias.
Sé que todo es locura,
pero cuerdo sin ti no me imagino.

Mientras me pienses estaré contigo
y si me sueñas andaré en tus sueños.
Si tú me nombras, yo por tus recuerdos
iré como una sombra en tu camino.

Por más que pase el tiempo no habrá olvido,
por más que ya no habite en este tiempo,
por más que ya me encuentre sin ti, lejos,
si tú me piensas, viviré contigo.

Si algún poema o sólo algunos versos
al leer toman vida, alguien los siente,
aunque yo ya no esté, seguiré vivo.

Tal vez la eternidad tan sólo es eso:
pensar, soñar, nombrar a quien ausente
ha dejado su huella al ir contigo.

¡Si me llamaras, sí,
si me llamaras!
PEDRO SALINAS

III

INVÉNTATE UNA VIDA
utópica y feliz
a través de senderos imposibles.

Vive la realidad
en la fragilidad de la quimera.

Olvida recluirte
en una torre de cristal, hermética.

Si la herida va abierta,
no habrá dolor —a gritos
o silente— que no acabe en locura.

Regresar a tu lado
y revivir un tiempo ya perdido.
Abrazar un pasado
que quedó en el olvido,
querer ir a un ayer que está vencido.

ANTE TANTO SILENCIO,
quise inventarte cerca. Te soñé
y te soñé —memoria de pasado—
recreando el ayer
para no morir vivo hasta la muerte.

El sueño es peligroso,
mitifica, transforma las verdades,
confundiendo la vida
que marcha, ya sin rumbo,
más cercana del loco que del cuerdo.

Sólo es posible en sueños
y aun así, al sacarlo del olvido,
el ayer —ya sin dueños—
regresa, confundido,
en mítico pasado convertido.

LA NOCHE SE DESNUDA
y me oculta la luna, las estrellas,
y en plena oscuridad y abandonado
su negrura me envuelve.

En el silencio de la noche oscura,
en la que vivo inmerso,
un quejido desgarra mi esperanza.

Y tú, que eres el día,
mi noche iluminada,
¿sabrás de este dolor-amor que siento?

Se me quedó vacío,
vacío el corazón con tantos hiclos.
Y mi vivir sin tino,
arrastrando su miedo,
aguarda el tiempo de entregarse al suelo.

Ayer, viendo tu olvido,
impotente y herido me sentí.

Y la desesperanza fue mi mundo
porque no vi tus luces.

Con mi dolor paciente caminaba
hacia ninguna parte,
y a todas horas con la sombra oscura.

Un doloroso grito
desde lo más profundo
en mis ojos surgió, vacíos de ti.

Se derrumbó la torre,
el nido de cristal para mis sueños,
y voy al mismo borde
del barro del alero.
Huyó la golondrina y no es invierno.

CUÁNTO AMOR RETENIDO
entre sueños ocultos desespera.

Agua quieta, nutricia de mi vida,
que entreteje desgana.

Cuántos sueños de lágrimas disfrazo
con la sonrisa leve
de la normalidad. Me finjo río
de libre discurrir,
mas soy agua estancada
en mi propio dolor como el gran luso.

Para tenerte cerca,
invento, finjo aycr, finjo mañanas,
y en la noche más sola
te siento junto a mí
bajo un cielo de luces como tú.

Hasta el sueño me daña.
Yo creí que al pensarte viviría
sin las cuencas vacías, sin desgana,
sin suplicar la nada.

Tanto inventé que te perdí de nuevo.
Ni realidad ni sueño.

Niebla densa en el tiempo, todo sombra,
y un dolor silencioso
que recorre mis sienes
agrandando mis ganas de no ser.

Un grito salvador
reclama este dolor tan lacerante,
pero no tengo fuerzas
y no puedo gritar
porque temo perderte hasta en el sueño.

Tu ausencia y mi vacío.
Quise buscarte para andar contigo,
para salvar mi soledad, mi miedo,
y todo ha sido en vano.

Quise abrazarme a un espejismo. Ciego,
porque no había esperanza
y le puse más vendas a mis ojos.

No te siento conmigo
—ni suplicando llegas—,
y escribo mi dolor para que vuelvas.

La sombra del olvido
dejó mil trazos de palabras vivas
quebradas en un libro
que intenta ser el rostro
de este dolor sin pausa y silencioso.

QUERER VOLVER DE NUEVO,
como regresa siempre cada otoño,
para empezar desnudo y a la espera
de renovados brotes.

Querer, siendo un invierno aletargado,
soñar la primavera
y la cálida luz que tú me acercas.

Querer, y es imposible,
dominar esa esfera
como a un reloj que paras o das cuerda.

Fingir que aún es pasado,
que tú aún me iluminas con tus luces,
que la palabra amor,
como una enredadera,
entrelazó algo más que las palabras.

DESHÓJAME EN TU CUERPO
con tus besos de viento en este otoño.
Déjame rodearte con mis brazos
de sauce ya desnudos,
que todo mi ramaje es siempre tuyo
y ansío yo la savia
para nutrirnos juntos de la vida.

Yo, que soy barro, quiero
que tú, que eres la espuma,
te confundas conmigo y me renazcas.

Esperaré, tal vez,
que lo que anhelo, amor, se haga milagro
para imprimir la página,
alumbrada de estrellas
por el dulce sabor de tu presencia.

En esta oscura noche,
abandonado —pienso— de tu amor,
¿qué olvido de tu luz relampaguea
sobre el papel de mi alma?
Sobre mi corazón, ya sin vocablos,
llueve un dolor silente.

Como un río de sangre que galopa
y golpea en su diástole,
y sístole cocea,
y se estrella en el mar de mis sentidos.

Silencio sin palabras
que cercena de un tajo, sin aviso,
todos los adjetivos.
Impuesta soledad
que despedaza todas las imágenes.

ESPERANDO TU VUELTA
—onírico deseo que me envuelve—,
deshoja el calendario de la vida
mi finito almanaque.

No sé del tiempo que desgrana lento,
en mi constante espera,
esas cansadas horas de tu ausencia.

Desdibuja tu olvido,
acércate a mi duelo
y para el calendario de mi nada.

Llorar frente a la nada.
Como un oscuro río sin retorno
que marcha entre los sueños
horadando las sienes
hasta llegar al mar de la tristeza.

Todo creí tenerlo,
y entonces me creí dueño del mundo:
lo miré con relojes de años, siglos,
pero fueron instantes,
efímeras fracciones de la vida
que —lo mismo que el agua—
va transcurriendo rauda y sin retorno.

Todo creí tenerlo
cuando yo te sentía.

Ahora el agua enmudecida pasa.

Al desvelo que tuve
ahogándome me aferro, como náufrago,
para no hundirme más.
Los espejos del agua
me cantan la canción de tu armonía.

DE NADA ME SIRVIÓ
pensar que te perdí, fuera o no cierto.
Sí, me aferré a inventarte cada día
y tanto te inventé
que ya no sé si eres como eras
o si mi afán de ti
ha recreado un ser inexistente.

Entre el sueño y la niebla
sigue abierta la herida
y este dolor que hiere mi memoria.

Me niego al desencanto,
a cerrarle la puerta a la esperanza,
a vivir confundido,
sumido en la desgana.
Para vencer, quiero aferrarme al sueño.

No sentirte es morir,
seguir hacia delante sin futuro,
marchar, con la mirada en tu fulgor,
alimentando esperas.
Cerrar los ojos
—vacíos ya de ti— para atrapar tu luz,
tus besos, tu mirada ya de siglos,
tu espuma…, entre unos brazos
que se alargan sin fin
sin alcanzarte en tu delicadeza.

El remedio es soñarte
para apagar la sed de ir a tu lado
y recrear el tiempo
donde bebí las aguas de Hipocrene
del vaso que me dabas.

Contemplando este vaso,
a mi anhelo entregado te me muestras
y me enredo en la yedra de tus besos
que diluyen mi angustia.

Se me abrazan tus luces en las sienes
y ahuyentan las espinas
que me clavó la sombra una mañana.

Ahora yo, ceniza,
pregunto: ¿Volverás
para colmar este vaso vacío?

En esta larga noche
que tiembla y parpadea mi haz de sueños,
escribo este presente
—de recuerdos cargado—
a la espera de un alba renacida.

Esperando el milagro,
aquel tiempo de frutos y de rosas
donde el almendro renacía en flor
y nos besó la brisa.

Esperando el milagro en esta noche
donde la sombra acecha
y los miedos me cercan y se agrandan.

Esperando el milagro,
con este amor callado,
aire de ti percibo entre la sombra.

Aquel hermoso tiempo,
de cálidas espumas y de luces,
presente en mi memoria,
regresará contigo
cuando escuche el milagro de tu voz.

ALIENTA MI ESPERANZA.
Tú eres dulce pasión de lo absoluto
—uno de sus fragmentos más hermosos—
y fragmento de ti.

El todo te contiene y a su vez
en ti va contenido.

Más amplia que tú misma, fractalmente,
entera eres un resto,
te quiero y no te agotas,
partícula tu voz breve del mundo.

Una unidad que canta.
Cálida luz que da la vida toda
en lenguaje que alcanza
nuestra razón más honda.
¡Ah, fragmentada luz, tan luminosa!

Espíritu sin nombre,
indefinible esencia [...]
GUSTAVO A. BÉCQUER

IV

CUANDO TE CONOCÍ POR VEZ PRIMERA,
cuando escuché tu voz
y las palabras
que pronunciaste fueron pura música,
sin saberlo —era un niño— yo te amé.
Quise saber de ti,
quise aprehenderte,
pero nunca se sabe suficiente,
porque tú eres misterio y te desvelas
tan sólo a quien tú quieres,
cuando quieres.

Supe bien que este amor,
tan verdadero,
siempre ha sido pasión,
también tristeza,
y por último el sueño más soñado.

Así pues, este sueño de tenerte
se ha llevado mis días y mis noches
en tanto te esperaba,
amor, soñando.

Yo que soñé tu canto,
yo que creí saberlo, y lo cantaba...,
vi que, ignorante, falto
de tu luz y de tu agua,
no era siquiera espuma:
ceniza sólo, nada.

SUEÑO DE AMOR POR TODOS LOS SENTIDOS,
sueños de luz en los recuerdos presos:
olores,
y sabores,
y los besos
que han vivido los ojos, los oídos,
huellas son ya de tiempos sucedidos,
pasos de amor-dolor,
libres, ilesos,
relámpagos,
destellos consumidos.

Como estrella fugaz pasa la vida
por el tiempo sin tiempo que nos dona
memoria de una estela de sucesos.

Y en el otoño-invierno,
hoja caída,
casi desnudos ya,
los recuerdos entonan
versos de amor sobre la piel impresos.

Amor,
te siento cerca.
Déjame que te aprenda no lejana.
El recuerdo me lleva
a pensar que tus luces
alumbrarán mi voz en los estantes.

¡Dulce luz!, los recuerdos,
la tiniebla, el enigma,
tu ausencia, mi temblor...
Se avivan mis temores y mis ansias
y, extenuado,
en mis sueños te busco.

Apenas me sumerjo y las estrellas
solícitas me muestran tu figura
y mis lágrimas cesan, y te miro,
y conservo el instante en la memoria.

Cómo enterrar esta aflicción hiriente,
dejar este dolor,
hallar consuelo.
Si no es contigo,
¡ay, cómo liberarme!

Noche, no sé
sino abrazarme al día
para avivar así las horas claras
y recordar la dicha.

Con la noche se tejen
de mis sueños los hilos.
¿Es la trampa
que me hace ver su rostro?
Anhelo que mañana,
cuando despierte al alba,
sean luz.

Nunca te tuve tanto como ahora
cuando emerges azul,
como tus ojos,
rememorando ya días de gloria
aunque no sepa yo si andas conmigo.

La súbita fragancia de tu nombre,
primavera de vida,
me transporta
—golondrinas de azúcar—
hasta el último beso que me dieras.

Y, sin saber de ti,
si he de encontrarte,
hundido en un desgarro silencioso,
te rescato en la dicha, no en el llanto.

Fuimos un día pájaros con nido
y otro día distancia con tu vuelo,
pero nunca te tuve como ahora.

Saberte es recobrarte,
gozar con el recuerdo,
en mi desdicha, para,
desesperado,
creer que aún es posible
regresar a otro tiempo de dulzura.

La poesía es como la amante ideal y real que no
se dejar cojer del todo y así permanece eterna.

Juan Ramón Jiménez

V

I

Madrigal de Cetina
para cantar-llorar esta pasión
de búsqueda de luz del corazón,
el alma, la cabeza...

Sonetos de Petrarca, Garcilaso,
agua de luz de Lope
para beber el vaso
del elixir de amor que mira y gira
(al igual que la lira
de Fray Luis, de San Juan...)
entonando su música eternal.

II

Llorar en verso blanco
para vivir la dicha que me empeña,
que me escribe y aguarda
tu luz, agua y espuma,
para alumbrar mi sed de ti, ¡mi reina!

III

Sentí tu amor, la luz, palabras bellas,
pensé que ya eras mía y que, cautiva,
andabas en mi voz, mas no, no iba
conmigo tu belleza ni tus huellas.

Brillantes las palabras, como estrellas,
he soñado contigo, llama viva,
y voy a dedicarme en tanto escriba
a mirar en tu luz, que es la de ellas.

Sentí tu amor y lo creí perdido,
y te escribí en silencio y supe luego
que habría de aprender para tenerte.

Me dediqué a soñar lo más querido
bebiendo de las fuentes, con el ruego
de que sacien mi sed de poseerte.

IV

Tu luz,
saber de ti,
de tu naturaleza indispensable,
lo que tú eres al ser
y aquello que le alumbras:
lo esencial, lo preciso,
lo más puro.

V

Tiempo, amor, velo, duda,
ficción y realidad, vida soñada,
adornada o desnuda,
dichosa o desolada:
la música de siempre o renovada.

VI

Y la noche qué importa,
qué importa el día
si todo es sombra y luz
y sólo tú eres luz, amada mía,
porque sin ti
todo es dolor, cuchillo
de lágrimas que el alma hiere
cuando dejas sombrías las palabras.

VII

Cuando me miras eres
pasión y gozo,
exaltación de la alegría,
eres agua, aire, luz,
la claridad claudiana,
la comunión, el rapto
con que alumbrar la vida.

Y la noche qué importa si aún estamos
buscando un resplandor definitivo.
CLAUDIO RODRÍGUEZ

VI

CON PALABRAS DE AHORA,
partiendo de los clásicos, escribo.
De su perfecta métrica cautivo
soy, de sus aguas bebo.

Me acojo a su estructura tan precisa,
a su ritmo, que es brisa,
semejante a la música y al viento.

Al escribirla pienso,
aun hablando en presente,
que aquel lejano ayer no queda ausente.

*

Puedo dejar la rima,
escribir versos blancos, no medidos,
hablar del tiempo en el que estoy y vivo,
y emplear sus palabras.
Mas no quiero olvidar a Garcilaso,
ni dejar apartados
a San Juan de la Cruz, Fray Luis, Quevedo...
Olvidarlos no quiero.
Quiero saber sus formas
y, luego, hacer en mí mi propia norma.

*

Como lo hicieron tantos:
Rubén, Gustavo, Juan Ramón, Machado...
No matar a Salinas ni a Unamuno,
no matar a ninguno,

porque beber el agua de las fuentes
es caminar por siempre
—con toda la memoria— hacia delante.
El olvido, en el hombre,
es algo que responde
más a la vanidad que a la justicia.

*

Yo quiero recrearme
en zéjeles, romances, en juglares,
en Manrique, en Cetina, o en Cervantes,
para cantar la vida.
Consonante, asonada, blanca o libre,
sujeta o no a la métrica;
pero siempre en un verso con cadencia,
con música que mezcla,
y escribir de manera
que toque bien por dentro a quien lo lea.

*

Ya sé que mucho pido,
que escribir como genio siendo lego
es como estar cautivo
y volar sólo en sueños; pero, al menos,
bebo de ellos y aprendo.

AUNQUE MATE A LOS PADRES
que he nombrado
—sin olvidar a Lope
ni a aquellos que después fueron llegando—,
porque quiera emprender solo el camino,
solo, sin protección, sin dependencia,
hoja al paso de palabras y ritmos,
sobre todos los actos,
sobre todas las páginas;
aunque mate a mis padres...
nunca podré olvidar
que he vivido con ellos,
con ellos he sentido, he aprendido
a mirar a través de sus miradas,
a sentir como piensan,
a pensar como sienten,
a crecer hasta el hombre
sin dejar de ser niño.

Cuando me paro a contemplar mi estado [...]
GARCILASO DE LA VEGA

Sɪ ʏᴏ ᴇᴍᴘᴇᴄᴇ́ ᴇꜱᴄʀɪʙɪᴇɴᴅᴏ
en liras cuando infante,
y en verso popular coplas, romances;
si escribí madrigales y sonetos,
y ese fue mi camino
mientras iba aprendiendo,
disfrutando el momento que fue canto...,
ya no tiene sentido
seguir otro sendero, debo andarlo
—*ya no tengo otro oficio*—
conmigo y con mi sueño
—*que ya sólo en amar es mi ejercicio*—
hasta finalizarlo.

Índice

VI

Esta edición quedó dispuesta para la tinta
en noviembre de 2025,
oh dichosa ventura